© 2009 artlist INTERNATIONAL

PRODUCED BY : THE DOG PROJECT
http:www.thedog-club.com/

© Hachette Livre, 2009
Conception graphique : Valérie Gibert et Philippe Sedletzki

Hachette Livre, 43, quai de Grenelle, 75015 Paris

# 1, 2, 3 histoires de Labradors !

*Écrit par Katherine Quenot*

# Labrador

Le labrador est un chien en or, quelle que soit sa couleur : noir, crème ou chocolat. Ce chien a tout : la force, l'élégance, la tendresse et la gentillesse. Doué d'un flair formidable, c'est le chien idéal pour travailler comme guide d'aveugle, pour retrouver des gens sous les avalanches, ou détecter des produits interdits... Son passe-temps préféré : la natation. Son petit défaut : la gourmandise. Sa raison de vivre : son maître !

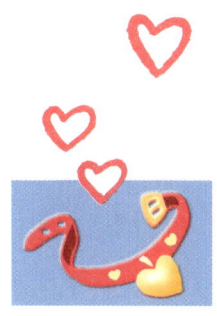

Wouaf, je suis Sissi !
Une petite chienne labrador
au grand cœur, qui ne ferait
pas de mal à une mouche !
C'est que je ne vis pas à coups

de croc, moi. Je trouve même
que les chats ont le droit de
miauler, alors! La cham-
pionne de la non-violence,
c'est moi. Garder la maison,
je veux bien, mais qu'on ne me
demande pas de tirer un coup
de fusil sur un inconnu...

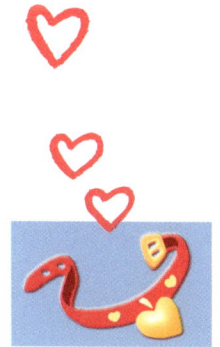

# Sissi

Tous les labradors sont gentils, mais Sissi bat des records. À tel point que le père de son maître, Gaétan,

dit toujours qu'elle est sûrement l'enfant d'un labrador et d'un mouton !

« Heureusement que Sissi ne comprend pas », se dit Gaétan, sans être tout à fait sûr d'avoir raison. C'est que Sissi est si intelligente ! Savez-vous que, quand elle a fait une bêtise (voler la côte de bœuf qui attendait dimanche dernier pour le barbecue, par exemple), elle va d'elle-même dans sa niche où elle sait qu'on l'envoie toujours pour la punir ?

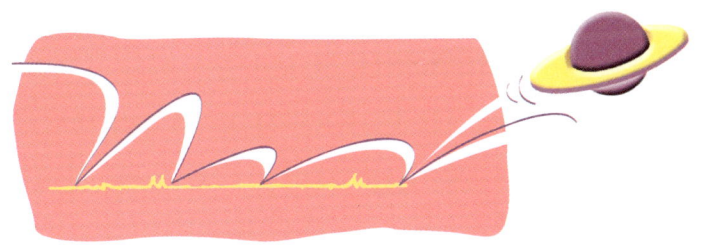

Ce soir-là, Sissi est confortablement installée sur son fauteuil recouvert de velours bleu, quand soudain, elle entend une vitre se briser. Doucement, elle tourne la tête, son œil en amande interrogeant la porte du salon d'où est venu le bruit. Le claquement sec d'un talon de botte, un raclement de gorge : Sissi ne reconnaît pas ses maîtres. Tant

pis ! De toute façon, un peu de visite, ça fait toujours plaisir !

Un instant plus tard, un inconnu surgit devant elle...

— Chut ! lui dit-il.

Sissi connaît parfaitement la signification de ce mot.

— Wouaf ! *T'inquiète pas !* lui répond-elle par un léger battement de queue.

Sautant de son fauteuil, la petite chienne se met à tourner autour du nouveau venu pour l'inspecter.

« Tiens, c'est un mâle, se dit-elle. Tiens, il a l'air inquiet...

Je peux sentir cette odeur de vieux fromage. Chez les humains, ça veut dire qu'ils ont peur... »

Mais Sissi fait aussi une autre découverte très importante, grâce à son odorat un million de fois plus sensible que le nôtre.

« Il est déjà venu ici ! »

En fait, l'odeur de sa peur est si forte qu'elle n'avait pas remarqué avant qu'elle le connaissait...

Satisfaite de son analyse, Sissi fait la fête au nouveau venu. Quelqu'un du village, en plus !

— Bon chien-chien, lui chuchote l'homme en la caressant.

— Wouaf ! *Que puis-je faire pour vous ?* lui demande Sissi par un bref et très discret jappement.

Mais l'homme ne lui répond pas. Il traverse le salon et grimpe l'escalier qui va à l'étage, suivi par le labrador le plus docile et le plus amical du monde. Arrivé là-haut,

dans la chambre des parents, il sort sa lampe torche, et à la surprise de Sissi, se met à ouvrir tous les tiroirs, et à jeter leur contenu par terre.

« Apparemment, il cherche quelque chose », se dit Sissi.

Elle aimerait bien l'aider, mais elle ne voit pas comment... Soudain, l'homme pousse une exclamation étouffée. Sissi le voit alors vider le contenu de plusieurs boîtes dans le sac qu'il transporte. Une minute après, il est reparti, sans un mot, sans une caresse ! La petite chienne est très déçue.

Rejoignant son fauteuil, Sissi retourne se coucher, impatiente que son maître revienne pour tout lui raconter. Enfin, le voilà !

La petite chienne se précipite vers lui. Mais pendant que son petit maître la serre

dans ses bras, un cri retentit.

— Mes bijoux !

Quelques instants plus tard, la pauvre Sissi est interrogée comme une criminelle. Et les reproches tombent.

— Qu'est-ce que c'est que ce chien ? Incapable de garder une maison !

— Wouaf ! *Mais ce n'est pas un inconnu*, proteste Sissi en remuant faiblement la queue. *Il est déjà venu ! Si vous voulez, je vous emmène chez lui, il vous le dira lui-même !*

Et, là-dessus, elle montre

qu'elle veut sortir de la maison.

— Viens, ma Sissi, dit Gaétan, je t'emmène faire pipi...

Mais après son pipi, Sissi ne veut pas rentrer. Elle fait comprendre à Gaétan qu'elle veut qu'il la suive. C'est un jeu d'enfant pour la petite chienne de remonter la piste du visiteur. Ce n'est même pas son odeur qu'elle sent, c'est celle de sa peur ! Ah, voilà sa maison...

Gaétan ne peut pas la retenir : Sissi franchit déjà le portail et se faufile dans le jardin.

— Sissi ! appelle le jeune garçon, énervé.

Que faire ? Il ne peut pas entrer chez ces gens, qu'il connaît à peine ! Heureu-

sement, quelques instants plus tard, Sissi est de retour, tenant quelque chose dans sa gueule...

— Sissi ! Qu'est-ce que tu as été voler ? s'écrie Gaétan.

— Wouaf ! répond Sissi en posant aux pieds de son maître le sac qu'elle tient entre les dents.

Gaétan s'accroupit, ouvre le sac et écarquille les yeux. Les bijoux de sa mère !

— Wouaf ! commente Sissi. *C'est bien ça que tes parents cherchent ? Eh bien voilà ! Sans morsure, sans cri et sans violence !*

— Sissi, s'écrie Gaétan, admiratif, je crois que tu mérites une médaille !

Une médaille, Sissi en veut bien une, mais de préférence en chocolat !

Wouaf ! Je m'appelle Léo et ma spécialité, c'est le sauvetage ! Il faut dire que

j'aime l'eau plus que tout.
Tout le monde sait ce que je mijote quand mon museau se lève et frémit : direction la rivière ! Par contre, à la mer, je ne m'amuse pas, je travaille. Dès que je vois quelqu'un dans l'eau, je me précipite pour le sauver... Mais je ne sais pas pourquoi, on ne me remercie jamais !

# 2 Léo

C'est les vacances et Léo vient de quitter sa chère rivière de Normandie pour

aller en Bretagne, au bord de la mer. La mer, Léo y est déjà allé plusieurs fois. Il aime, puisque c'est de l'eau et qu'il y en a plein. Mais le petit labrador se méfie quand même : la première fois, quand il était tout petit –encore plus petit que maintenant– il a voulu rejoindre l'autre rive. Mais au bout de quelques mètres, Amélie, sa petite maîtresse, l'a rattrapé en lui disant qu'il allait se noyer. Lui, se noyer ! Un labrador ! Le meilleur chien d'eau,

avec sa queue de loutre et ses pattes palmées !

Aujourd'hui, il fait très beau, avec un petit vent léger : le temps idéal pour faire de la planche à voile. Amélie est très impatiente d'essayer la planche qu'elle a eue pour ses dix ans. Mais aucune activité n'est tout à fait amusante sans son chien ! Elle plaide sa

cause auprès de sa mère : Léo a grandi, il obéit au doigt et à l'œil (enfin, presque), et puisque sa mère vient pour la surveiller pendant qu'elle fait de la planche, elle saura empêcher le chien d'aller barboter !

— La dernière fois, il m'a griffé le dos en voulant me « sauver », lui fait remarquer sa mère. Et en plus, c'est lui qui risque de se noyer... Il n'a pas encore compris que de l'autre côté, c'était l'Amérique, pas la prairie du voisin !

— C'est vrai, tu n'as pas compris ? demande Amélie à son chien.

— Wouaf ! répond Léo en remuant la queue. *Mais si !*

Il a parfaitement compris que sa maîtresse avait envie qu'il l'accompagne. Et ce qu'il comprend surtout, c'est qu'il veut venir avec elle pour la surveiller. Qu'on soit d'accord ou pas, il empêchera sa petite maîtresse de se noyer !

— Tu vois ? fait Amélie avec

une petite moue irrésistible. Et puis de toute façon, je ne me baigne pas, je fais de la planche à voile !

Avec cet argument décisif, Amélie finit par convaincre sa mère, qui de toute façon ne sait rien lui refuser...

Bientôt, le trio arrive en bas du sentier qui mène à la petite plage où ils vont d'habitude. Une famille est déjà là, et des petits enfants barbotent au bord de l'eau, avec de grosses bouées à tête de canard.

Amélie et sa mère s'installent

à bonne distance d'eux. Le petit labrador semble calme. Son regard se perd vers l'horizon, comme s'il se demandait ce qu'il y avait au bout....

— Tu seras sage, mon Léo ? demande Amélie.

— Wouaf ! assure Léo.

Et là-dessus, il s'allonge, le museau entre les pattes. Impressionnée par tant d'obéissance, Amélie s'éloigne avec sa planche, après avoir lancé un sourire triomphant à sa mère. Quelques instants plus tard, elle hisse la voile.

Bientôt, la fillette avance sur les flots, les cheveux au vent. C'est génial ! Si génial qu'elle en oublie tout le reste, et en particulier qu'il y a un chien qui l'attend sur la plage...

En réalité, ce n'est pas sûr que le chien l'attende sur la plage... Soudain, la fillette pousse un cri de surprise. Léo

est là, devant elle, dans l'eau, en train d'essayer de la rejoindre ! Il jette un regard inquiet à sa petite maîtresse...

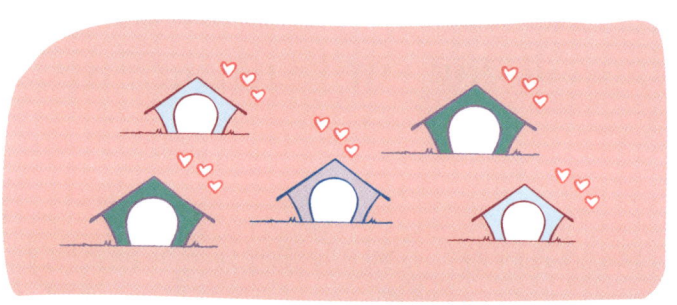

— Léo ! crie Amélie en secouant la tête. C'est pas bien, ça !

Elle n'a pas le choix : elle va devoir repêcher le chiot et le prendre avec elle sur sa planche à voile. C'est ce qu'elle fait, même si ça lui demande de gros efforts, qui manquent de la faire tomber à l'eau!

Une fois sur la planche, Léo se tient fièrement assis sur son arrière-train, tandis qu'Amélie le ramène sur la plage, où sa mère l'attend de pied ferme. La fillette a le cœur serré. Elle est fière de son chien, mais en même temps elle sait bien que c'est la dernière fois qu'il a le droit d'aller à la plage…

Soudain, alors qu'elle ne se trouve plus qu'à une vingtaine de mètres de la rive, elle aperçoit dans l'eau une des bouées à tête de canard des petits enfants. Et quand elle tourne la tête, elle voit une petite fille s'enfoncer dans l'eau, les bras tendus, essayant de rattraper la bouée. Ses parents ont le dos tourné... Personne ne fait attention à elle !

— Léo ! crie-t-elle en montrant la bouée.

Mais Léo a déjà compris. Il

y a une bouée à tête de canard en danger ! Plongeant aussitôt, le chiot a vite fait de rejoindre l'objet qu'il rapporte à la petite fille en le poussant avec son museau. Ses parents se précipitent vers elle, ils ont tout vu...

De retour sur la plage, c'est le triomphe. Non seulement Léo a sauvé une bouée à tête de canard, mais surtout (même s'il ne le sait pas), il a sauvé

une petite fille qui aurait pu se noyer. Inutile de dire qu'il est désormais le bienvenu à la plage !

Wouaf ! Je suis Fanfan, dit Fanfan le gourmand. Ce que je préfère, ce sont les gâteaux. Je serais capable d'engloutir dix éclairs au chocolat d'un coup !

Pas mal, non ? Ce que je n'aime pas, par contre, c'est qu'on me laisse seul. Je ne sais pas pourquoi, c'est dans ces moments-là que j'ai le plus envie de grignoter... Tant pis pour eux si mes maîtres ont laissé traîner quelque chose !

# Fanfan

Pauvre Fanfan ! Il est seul et abandonné de tous. La mère de Tom, son petit

maître, est parti le chercher à l'école. Elle a promis à Fanfan qu'elle reviendrait aussitôt, mais qu'est-ce que ça veut dire « os sitôt » ? se demande Fanfan. En tout cas, il ne voit pas d'os !

Truffe au vent, le petit labrador farfouille dans la maison en cherchant un petit quelque chose à se mettre sous la dent.

Lui, la solitude, ça lui pèse et quand ça lui pèse, il a un petit creux. Poussant la porte de la cuisine, il entre...

*Snif, snif* font les naseaux du petit chien. Une vieille odeur de viande grillée flotte encore dans la pièce : pas désagréable, mais un peu maigre, comme butin...

Poussant un petit grognement de contrariété, Fanfan sort de la cuisine. Il revient dans le salon, essaie d'ouvrir le placard où ses maîtres rangent les biscuits apéritif, mais

n'y arrive pas. Il revient encore dans la cuisine... Soudain, il s'arrête. Son museau frémit et cette fois-ci, ce n'est pas pour l'odeur du dernier repas. Direction la buanderie !

Arrivé dans la pièce, Fanfan repère immédiatement l'objet interdit. Il n'a pas besoin de le voir. Il ne le voit pas, d'ailleurs : il le sent. La bonne odeur vient du dessus de la machine à laver...

« Hum ! réfléchit le chiot. Cette machine fait au moins

la hauteur de cinq bébés labradors… » Et il n'arrive pas à sauter aussi haut. On pourrait même dire qu'il est un peu maladroit, le Fanfan.

Donc, tout maladroitement, le chien grimpe sur une petite chaise d'enfant qui se trouve à côté de la machine à laver. Puis, toujours aussi maladroitement, il se lève sur son arrière-train. Un coup de patte maladroit sur le rebord

du moule à gâteau, et *Cling! Cling! Cling!* Le plat bascule par terre!

Ah, quel bruit, les amis! Fanfan aurait presque eu peur s'il n'avait pas aussi faim. En trois coups de langue, il nettoie parfaitement le sol. Mais il ne pense pas à cacher le plat... et il ne se demande pas non plus ce qu'il a mangé, d'ailleurs!

Satisfait, le chien se dirige vers son panier pour y prendre un repos bien mérité. Il se pelotonne sur lui-même,

s'apprête à plonger dans des rêves parfumés, mais que se passe-t-il ? Il se sent tout bizarre. Fanfan cligne des yeux et regarde le salon, étonné. Les meubles et les objets tournent autour de lui... Il referme bien vite les yeux, mais c'est la même chose dans son intérieur à lui. Ça lui tourne dans la tête, comme s'il était monté dans un manège. C'est alors qu'à son grand soulagement, la porte d'entrée s'ouvre !

D'un bond, le chien est sur

ses pattes. Mais que se passe-t-il encore ? Ses pattes sont aussi molles que des spaghettis trop cuits !

— Wouaf ! fait-il en accourant tant bien que mal vers son petit maître.

Tom se précipite vers son chien, mais celui-ci s'immobilise,

les yeux fixes. Ça alors, il y a deux Tom maintenant !

— Maman, viens voir, appelle Tom, inquiet, Fanfan est bizarre... Il marche de travers !

S'accroupissant près du chien, la mère de Tom l'examine. Soudain, elle plisse le nez.

— Mais son haleine sent l'alcool ! s'exclame-t-elle.

Aussitôt, Tom fonce vers le placard où sont rangées les bouteilles pour l'apéritif. Non, il est toujours bien fermé...

— Est-ce qu'il y a de l'alcool

ailleurs, maman ? demande le petit garçon en prenant son chien dans les bras.

— Non… Je ne crois pas… À moins que ! s'exclame soudain la jeune femme.

Sans un mot de plus, elle fonce dans la buanderie. Son regard se dirige aussitôt vers la machine à laver, sur laquelle elle avait posé le baba au rhum qui sortait du four. Plus de gâteau !

— Oh le coquin ! dit-elle en apercevant le moule, renversé par terre. Il a tout mangé. Non, mais quel idiot ! ajoute-t-elle en riant.

L'idiot en question s'est mis à dormir dans les bras de son petit maître. Celui-ci regarde sa mère sans comprendre.

— Qu'est-ce qu'il y a de drôle ?

En réponse, la mère de Tom rit de plus belle.

— Regarde-le, ton chien, tu sais ce qu'il a fait ? Il a mangé le baba au rhum en entier.

Imagine l'effet que ça peut faire sur un chien!

— Il faut l'emmener chez le vétérinaire! s'exclame Tom.

— Mais non, le rassure sa mère en riant encore, il n'y a qu'à le laisser se reposer!

Tom secoue la tête.

— Petit Fanfan idiot! dit-il au chien qui ouvre un œil.

Promets-moi de ne plus boire !
— Wouaf ! répond Fanfan.
*D'accord pour ne plus boire. Mais il n'y aurait pas quelque chose à manger, par hasard ?*

Tu as aimé les aventures
de Sissi, Léo et Fanfan,
les labradors ?
Alors regarde vite page suivante,
pour découvrir d'autres histoires
de chiens !

# 1, 2, 3 histoires de Caniches !

*Les bébés caniches ressemblent à d'adorables peluches toutes frisées… Mais attention, ils ont du caractère !*

*Viens vite découvrir leurs histoires !*

Pour savoir quand sortiront de
nouvelles histoires de chiens,
inscris-toi à
la newsletter du site :

**www.bibliothequerose.com**

# Table

Le labrador . . . . . . . . . . . . . . . . 4

1. Sissi . . . . . . . . . . . . . . . . . . . . . 6
2. Léo . . . . . . . . . . . . . . . . . . . . . 24
3. Fanfan . . . . . . . . . . . . . . . . . . 42

« Pour l'éditeur, le principe est d'utiliser des papiers composés de fibres naturelles, renouvelables, recyclables et fabriquées à partir de bois issus de forêts qui adoptent un système d'aménagement durable. En outre, l'éditeur attend de ses fournisseurs de papier qu'ils s'inscrivent dans une démarche de certification environnementale reconnue. »

**Imprimé en France par Jean-Lamour** - Groupe Qualibris
**Dépôt légal : mars 2009**
20.24.1557.6/01 – ISBN 978-2-01-201557-9
*Loi n°49-956 du 16 juillet 1949*
*sur les publications destinées à la jeunesse*